ELIANE CRISTINA
MARTINS DE CASTRO

VIVÊNCIAS REALIZADAS NAS AULAS REMOTAS I

São Carlos – 2023

SUMÁRIO

Capítulo I

A Lenda da Cuca e suas Vivências

<u>Materiais necessários:</u>

Alfabeto móvel;

Lápis preto e coloridos;

Tinta;

Papel;

Vassoura, rodo ou algo parecido para a brincadeira “corrida da vassoura”;

Os ingredientes da receita;

Desenvolvimento:

1º momento:

Questione a criança sobre o que ela sabe ou lembra de ter ouvido sobre a Cuca, um personagem do folclore.

Algo muito conhecido por todos nós a respeito da cuca é a famosa música “Nana neném”, cante com a criança:

Peça para a criança registrar como ela imagina a Cuca, sua casa, seu caldeirão, etc.

2º momento:

Escreva a palavra CUCA, conte a quantidade de letras, circule a 1ª letra e grife a última letra.

Qual letra está antes do A? Qual letra está depois do U? Qual letra se repete? Essa letra que se repete tem no seu nome? Essa letra que se repete também está na palavra FOLCLORE, grife-a.

(Todas as perguntas se referem a letra C)

Devolutivas:

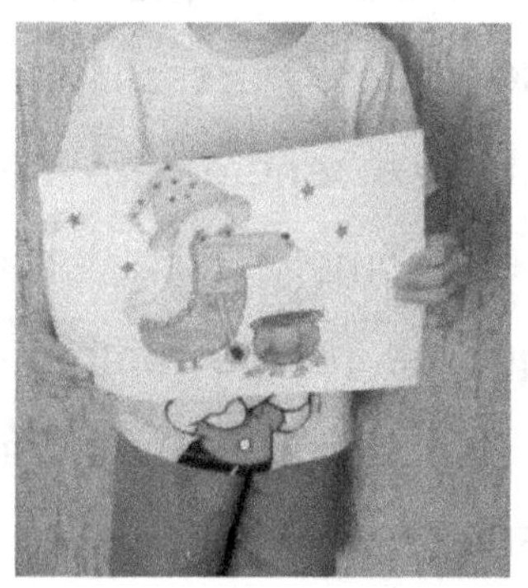

Cuca

BEST

CUCA

CAPÌULO II

A LENDA DO BOITATÁ E SUAS VIVÊNCIAS

Material Necessário:

Alfabeto móvel;

Lápis preto e colorido;

Papel;

Material para o fantoche escolhido;

Desenvolvimento:

1º momento: reconheça com a criança seus conhecimentos prévios sobre a lenda do boitatá

2º momento: pesquise a lenda do boitatá,

conversem sobre e ela e ilustre-a.

3º momento: Cante com a criança a música "a cobra não tem pé", peça que ela lhe mostre os gestos/dança que fazemos na escola quando cantamos essa cantiga, com certeza ela saberá!

4º momento:

Com seu alfabeto móvel escreva a palavra BOITATÁ, conte quantas letras possui, circule a 1ª letra e grife a última.

5º momento: Vamos construir um boitatá com material reciclado?

Abaixo temos vários modelos de fácil confecção para lhe dar ideias, confeccione com a criança utilizando materiais que tenham em casa, use a criatividade e bom trabalho!

Devolutivas:

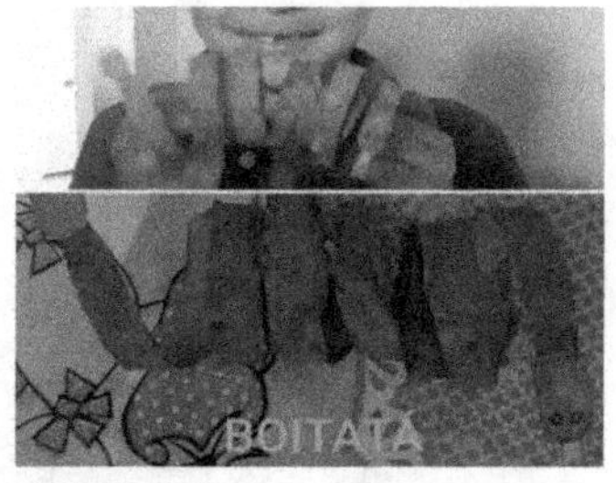
BOITATÁ

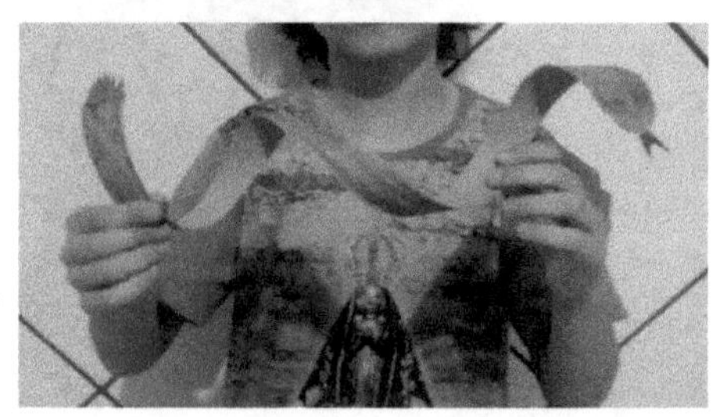

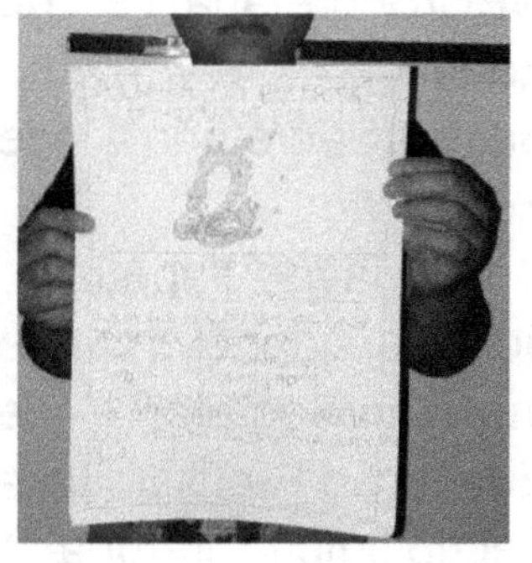

Bibliografia:

BRASIL. Ministério da Educação. Base Nacional Comum Curricular (BNCC). Brasília: MEC/Secretaria de Educação Básica/Secretaria de Educação Continuada/Alfabetização/Diversidade e Inclusão/Secretaria de Educação Profissional e Tecnológica/Diretoria de Currículos e

Educação Integral/Diretoria de Articulação Curricular/Diretoria de Formação Docente e Valorização dos Profissionais da Educação/Diretoria de Políticas para Escolas Cívico-Militares/Conselho Nacional de Educação/Câmara de Educação Básica/Câmara de Educação Superior/Comissão Bicameral para Análise da Base Nacional Comum Curricular (BNCC), 2017.

SILVA, João. Lenda do Boitatá - origem e significado. Sua Pesquisa. 10 de março de 2020. 19 de março de 2023. https://www.suapesquisa.com/folclorebrasileiro/lenda_boitata.htm

SILVA, R. Lenda da Cuca - Toda Matéria. Disponível

em:
https://www.todamateria.
com.br/lenda-da-cuca/.
Acesso em: 19 mar. 2023.
Texto na internet.

www.ingramcontent.com/pod-product-compliance
Lightning Source LLC
LaVergne TN
LVHW052116160826
845678LV00015B/3583

* 9 7 8 6 5 2 6 6 1 1 6 9 2 *